UN MUNDO DE JUEGOS

Àngels Navarro
Ilustraciones de Jordi Sunyer

Más de 80 juegos para pensar y divertirse

COMBEL

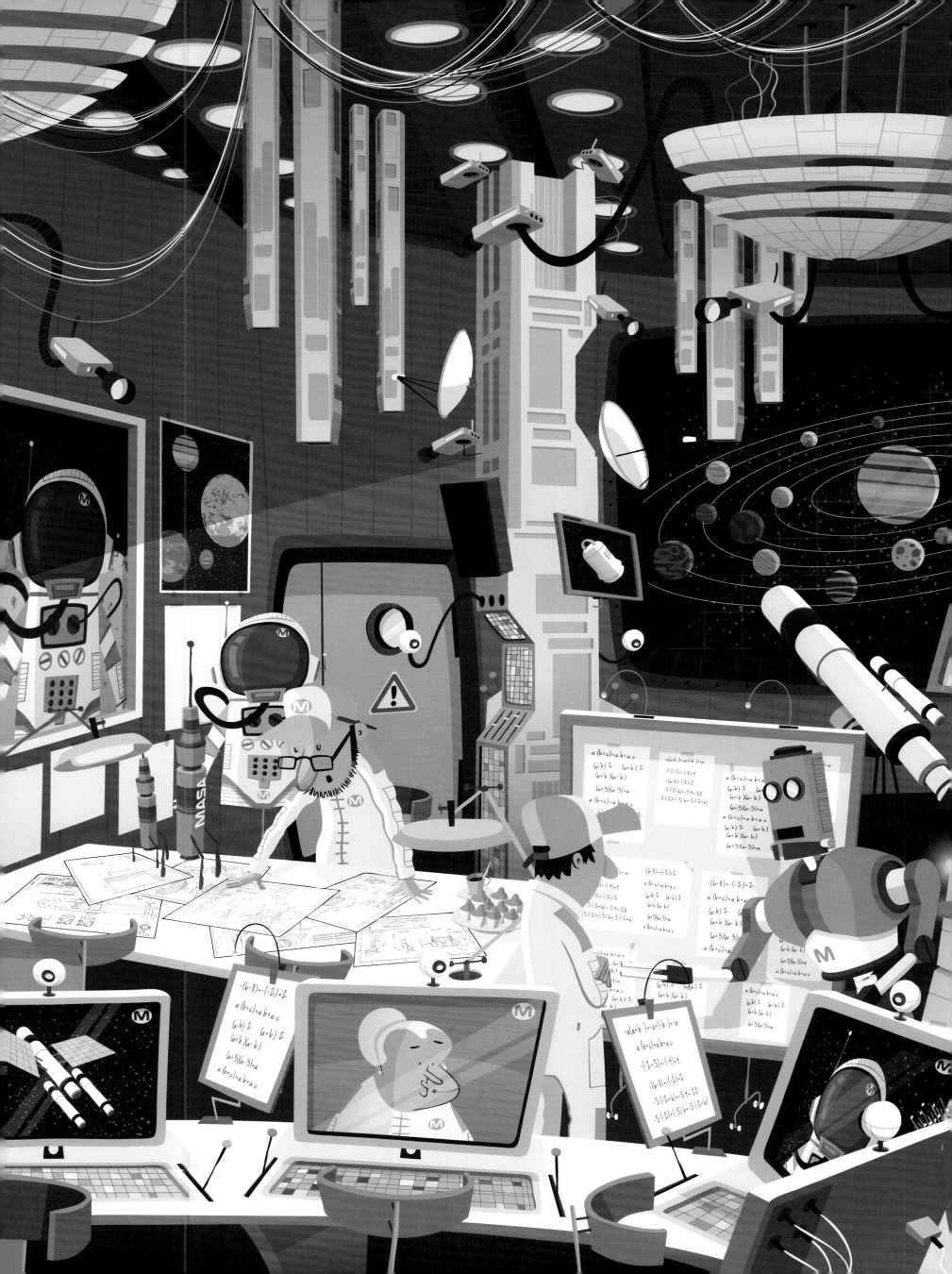

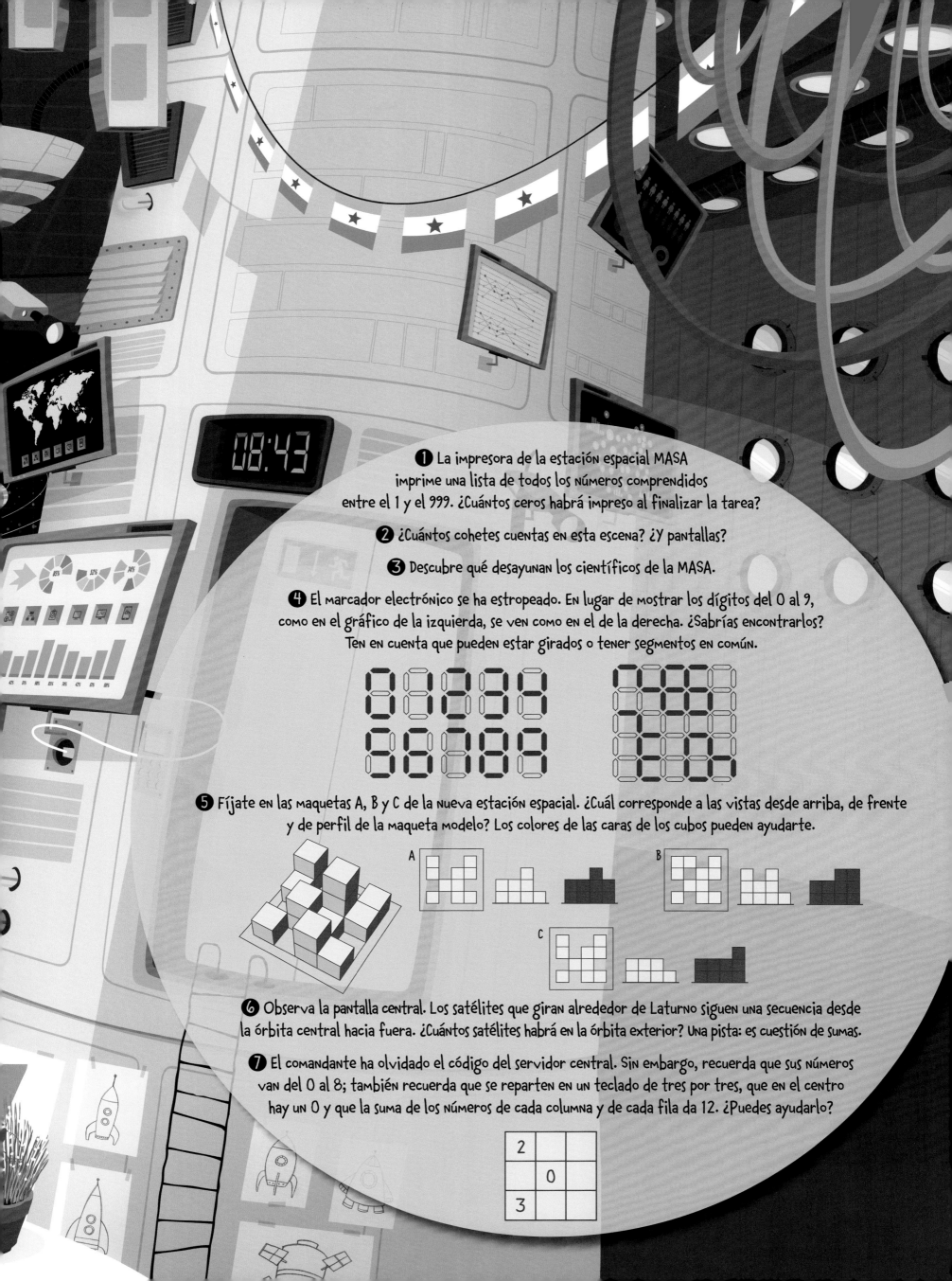

1 La impresora de la estación espacial MASA imprime una lista de todos los números comprendidos entre el 1 y el 999. ¿Cuántos ceros habrá impreso al finalizar la tarea?

2 ¿Cuántos cohetes cuentas en esta escena? ¿Y pantallas?

3 Descubre qué desayunan los científicos de la MASA.

4 El marcador electrónico se ha estropeado. En lugar de mostrar los dígitos del 0 al 9, como en el gráfico de la izquierda, se ven como en el de la derecha. ¿Sabrías encontrarlos? Ten en cuenta que pueden estar girados o tener segmentos en común.

5 Fíjate en las maquetas A, B y C de la nueva estación espacial. ¿Cuál corresponde a las vistas desde arriba, de frente y de perfil de la maqueta modelo? Los colores de las caras de los cubos pueden ayudarte.

6 Observa la pantalla central. Los satélites que giran alrededor de Laturno siguen una secuencia desde la órbita central hacia fuera. ¿Cuántos satélites habrá en la órbita exterior? Una pista: es cuestión de sumas.

7 El comandante ha olvidado el código del servidor central. Sin embargo, recuerda que sus números van del 0 al 8; también recuerda que se reparten en un teclado de tres por tres, que en el centro hay un 0 y que la suma de los números de cada columna y de cada fila da 12. ¿Puedes ayudarlo?

❶ Si al número de torres del castillo le sumamos el número de ventanas, le restamos el número de escudos y multiplicamos el resultado por el número de animales, obtendremos el peso de la corona real. ¿Cuál es?

❷ En la manta del caballo puedes ver un laberinto. Partiendo de la corona blanca, hay que llegar a la corona negra en 2, 4, 6, 8 o 10 saltos siguiendo los caminos y sin pasar dos veces por el mismo sitio. ¿Cuál es el movimiento correcto? ¿Cuántos saltos hay que dar?

❸ El brujo Vamaldo ha descolocado las sílabas de las palabras de los carteles. Ordénalas y forma los nombres de cuatro elementos de la ilustración. Ten en cuenta que todas las palabras empiezan con la letra C y que sus sílabas pueden estar en carteles distintos.

❹ Frente al castillo hay dos catapultas. Cada una de ellas sostiene una piedra. Las dos piedras juntas pesan 200 kilos. La más grande pesa el equivalente a la otra piedra más la corona real. ¿Cuánto pesa cada piedra? Recuerda el resultado del primer juego.

❺ La familia real celebra dos cumpleaños: el del príncipe Arnaldo y el de su hermana melliza Arnalda. En la mesa están reunidos dos padres, dos madres, dos hijos, dos hijas, dos maridos, dos esposas, dos hermanos y dos hermanas. ¿Por qué hay solo 7 personas?

❻ Dispón a los 16 soldados del castillo en forma de cuadrado, de manera que, vistos desde arriba, cada soldado no tenga ni a la izquierda, ni a la derecha, ni delante ni detrás a otro soldado con el casco del mismo color que el suyo. ¡Es fácil!

❼ Localiza en la escena dos banderas que sean exactamente iguales.

❶ ¿Cuántas aves hay en la ilustración? Atención, ¡la pregunta tiene truco!

❷ Para que la porcelana china no se rompa, hay que evitar apilar cajas grandes sobre otras más pequeñas. Teniendo esto en cuenta, ¿de cuántas formas distintas se pueden apilar las siguientes cajas haciendo una sola pila?

❸ Los símbolos de los farolillos siguen una serie lógica, de izquierda a derecha. ¿Qué símbolo debería contener el penúltimo farolillo?

❹ Los tres personajes de la escena se llaman Li, Wei y Yang, y se apellidan Luo, Wang y Yao. Sabiendo que ningún nombre empieza por la misma letra que su apellido y que ningún nombre acaba por la misma letra que su apellido, ¿cuál será el nombre y el apellido de cada personaje?

❺ El símbolo del yin yang es un emblema milenario. Divídelo en dos mitades de forma que cada mitad tenga exactamente la misma cantidad de color blanco que de negro. ¡Deberás romperte un poco la cabeza!

❻ Supongamos que la Gran Muralla consta de 8 000 torres separadas entre sí por 1 kilómetro de muralla. ¿Cuántos kilómetros mide la muralla en total?

❼ ¿Cuántos objetos rojos hay en el dibujo? Nómbralos.

❶ En el escaparate de la tienda de disfraces hay máscaras dispuestas en filas y en columnas. Una de las máscaras no tiene, ni en su fila ni en su columna, ninguna otra máscara de su mismo color. ¿Cuál es?

❷ Tres amigos han devorado tres *pizzas* distintas en el restaurante Mario. Si pagaron en total 44 euros, ¿qué tres *pizzas* pidieron?

❸ Alguien ha robado el antifaz dorado de la duquesa Dollarini y ha aprovechado el carnaval para pasar desapercibido. El ladrón o ladrona tiene el pelo oscuro, no lleva ropa azul y no va en manga corta. ¿Puedes señalar al culpable?

❹ Cambiando el orden de las letras de AVECINE obtenemos VENECIA. ¿Qué elementos de la ilustración se pueden nombrar combinando las letras de las siguientes palabras?

> BRILLAMOS - ALGODÓN - NOTAR - EDITAN
> MERO - BORREMOS - ANCLA - APÍCOLA - BLANCO

❺ ¿Cuántos mamíferos hay en la escena?

❻ Trento está más al norte que Padua. Bolzano está más al norte que Trento. Venecia es la tercera ciudad más al norte. Rávena es la ciudad más al sur. Fíjate en estas pistas y ordena estas cinco ciudades italianas de norte a sur.

❼ El barbero de Venecia nunca pregunta a sus clientes de qué ciudad proceden, pero prefiere cortar el pelo a cinco napolitanos que cortárselo a un romano. ¿Por qué será?

RISTORANTE MARIO

Romana .... 9 €
4 formaggi .... 10 €
Vegetariana .... 12 €
Napoletana .... 15 €
Capricciosa .... 19 €
Marinara .... 21 €

❶ ¿Cuántas personas viven en los dos iglús?

❷ ¿Cuántos picos y patas cuentas? Atención, ¡es una pregunta con trampa!

❸ ¿Cuántos elementos de la ilustración se nombran en el recuadro?
Ten en cuenta que las palabras están seguidas y que incluso pueden solaparse.

> TRINEORCALBATROSESTALACTITATRAPASUEÑOS
> PESCADOLANCHAHIELOPERROIGLÚBOTASCAÑA
> BARCOPINGÜINOCUBOCAJAESQUÍSBANDEROLAS

Uno de los elementos no está en el dibujo. ¿Cuál es?

❹ Un pingüino recorre 30 metros en un minuto, se desliza con el doble de rapidez y nada
4 veces más deprisa que deslizándose. ¿Cuántos metros por minuto avanza al nadar?

❺ ¿A qué zona del mar helado corresponde este fragmento de imagen?

❻ Un trineo puede cargar una cantidad máxima de 25 kg. ¿Cuántas cajas se podrán cargar en
el trineo de tal forma que se cargue al máximo? Hay tres cajas que pesan 2,5 kg cada una, otras tres
pesan 3,5 kg cada una y cuatro más pesan 4,5 kg cada una.

❼ ¿Cuál es el número mínimo de puertas internas que debes dibujar en este plano del interior de un iglú,
para que cada habitación tenga 3 puertas? En el plano se pueden observar 6 estancias.

❶ La palabra DIAMANTE rima con ELEFANTE. Encuentra en la escena nueve objetos que rimen con las siguientes palabras:

MAZMORRA - CROQUETA - TAMPOCO - PAYASO
DIRECTOR - ARROZ - DADO - RUTA - CERILLA

❷ En el dibujo hay tres recipientes para el té de distintas capacidades. Se pueden medir 13 litros de té llenando dos veces el recipiente de 3 litros y una vez el de 7 litros, ya que 3 + 3 + 7 = 13. ¿Cómo conseguirías las siguientes cantidades con el menor número de recipientes posible? 15 litros, 18 litros, 22 litros, 23 litros y 27 litros.

❸ Los números que utilizamos todos los días son una antigua invención hindú. Entre los números de tres cifras, es decir, los comprendidos entre 100 y 999, ¿cuántos números tienen la primera cifra igual a la última? ¿Y cuántos números hay, de tal modo que se cumpla que, al multiplicar sus cifras, obtengamos 5? Si piensas un poco, no tendrás que contarlos todos.

❹ En el mandala siguiente hay ocho letras conectadas por caminos. Si saltas de una letra a otra sin salir de los caminos marcados, encontrarás el nombre de un objeto de la ilustración.

❺ En las cámaras y en las sillas hay tres círculos de colores. ¿En qué orden deben ir los colores en los círculos vacíos de la derecha para que no se repita ninguna combinación?

❻ Asha, la bailarina del centro del escenario, tiene un elefante en su casa. Si lo llevara al estudio, en él habría el mismo número de elefantes de cada color. ¿De qué color es el elefante de Asha?

❶ Encuentra en el tejado de la cabaña dos copos de nieve iguales. Ten en cuenta que pueden estar girados.

❷ Por la noche, algunos animales se han paseado por la estación de esquí y han dejado sus huellas en la nieve. ¿A qué animal corresponde cada huella? La del centro es de un animal con plumas que se ha colado en la escena. La de la derecha es propia de una mascota. La de la izquierda pertenece a un animal con cuernos que habita en altas montañas.

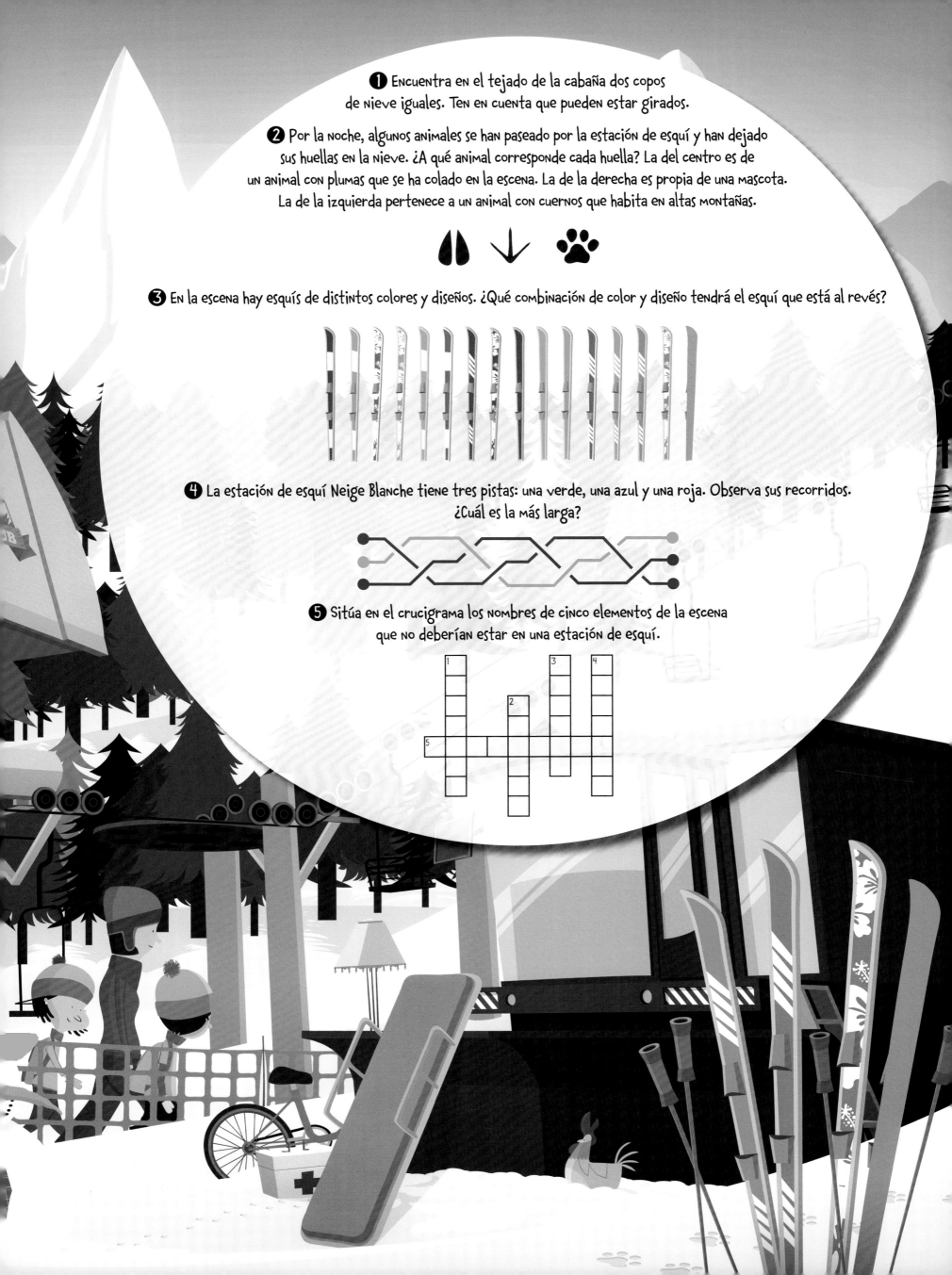

❸ En la escena hay esquís de distintos colores y diseños. ¿Qué combinación de color y diseño tendrá el esquí que está al revés?

❹ La estación de esquí Neige Blanche tiene tres pistas: una verde, una azul y una roja. Observa sus recorridos. ¿Cuál es la más larga?

❺ Sitúa en el crucigrama los nombres de cinco elementos de la escena que no deberían estar en una estación de esquí.

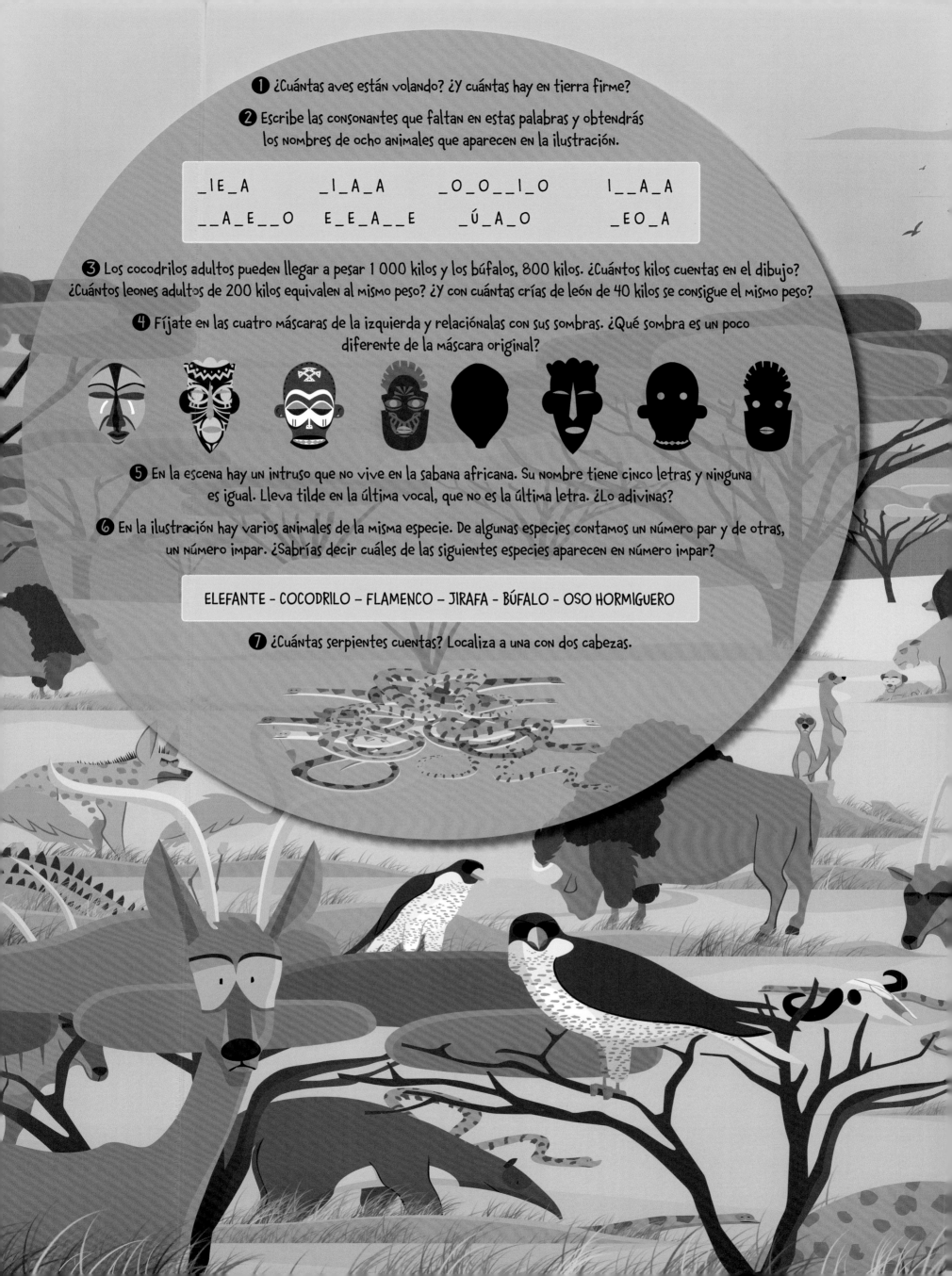

❶ ¿Cuántas aves están volando? ¿Y cuántas hay en tierra firme?

❷ Escribe las consonantes que faltan en estas palabras y obtendrás
los nombres de ocho animales que aparecen en la ilustración.

_IE_A   _I_A_A   _O_O__I_O   I__A_A

__A_E__O   E_E_A__E   _Ú_A_O   _EO_A

❸ Los cocodrilos adultos pueden llegar a pesar 1 000 kilos y los búfalos, 800 kilos. ¿Cuántos kilos cuentas en el dibujo?
¿Cuántos leones adultos de 200 kilos equivalen al mismo peso? ¿Y con cuántas crías de león de 40 kilos se consigue el mismo peso?

❹ Fíjate en las cuatro máscaras de la izquierda y relaciónalas con sus sombras. ¿Qué sombra es un poco
diferente de la máscara original?

❺ En la escena hay un intruso que no vive en la sabana africana. Su nombre tiene cinco letras y ninguna
es igual. Lleva tilde en la última vocal, que no es la última letra. ¿Lo adivinas?

❻ En la ilustración hay varios animales de la misma especie. De algunas especies contamos un número par y de otras,
un número impar. ¿Sabrías decir cuáles de las siguientes especies aparecen en número impar?

ELEFANTE - COCODRILO - FLAMENCO - JIRAFA - BÚFALO - OSO HORMIGUERO

❼ ¿Cuántas serpientes cuentas? Localiza a una con dos cabezas.

❶ La Gran Pirámide es la más alta de Egipto.
Cuenta todas las vasijas de la ilustración y multiplícalas por el
número de comerciantes que van montados en camellos. Aparte, suma
el número de cuervos y el de palmeras y multiplica el resultado por el número de turistas.
Si sumas los resultados de las dos operaciones obtienes la altura de la Gran Pirámide.

❷ Los jeroglíficos egipcios utilizaban imágenes para representar objetos, acciones,
sonidos e ideas. Con la ayuda del tablón, descifra el siguiente jeroglífico y obtendrás
el nombre del faraón que está enterrado en la Gran Pirámide.

❸ Localiza en la sopa de letras a ocho dioses de la mitología egipcia. Pueden estar en posición vertical, horizontal y diagonal.

AMÓN – HORUS – ANUBIS – THOT
SACMIS – TUERIS – SUCOS – MONTH

L K O H R T G U P S P T I S C D U H T
A E S X E H U A Y E N P A M O N S A B
V H Q T H O R N T Q u X M H C T V S C
D A O X Y T O U O M O F A X H O U Y O
T I X R Z H R B I O A X F S A C M I S
O X U E U T L I A N E T X P O X C R O
I Ñ C T Z S U S Q T H U U S Z S C E U
T U E R I S L X U H X V A O D T U V T

❹ Si un cuervo tarda un minuto en comerse un escarabajo, ¿cuántos minutos tardarían
cinco cuervos en comerse cinco escarabajos?

❺ Encuentra todos los Ojos de Horus que hay en la ilustración.
Fíjate bien, porque algunos son diminutos.

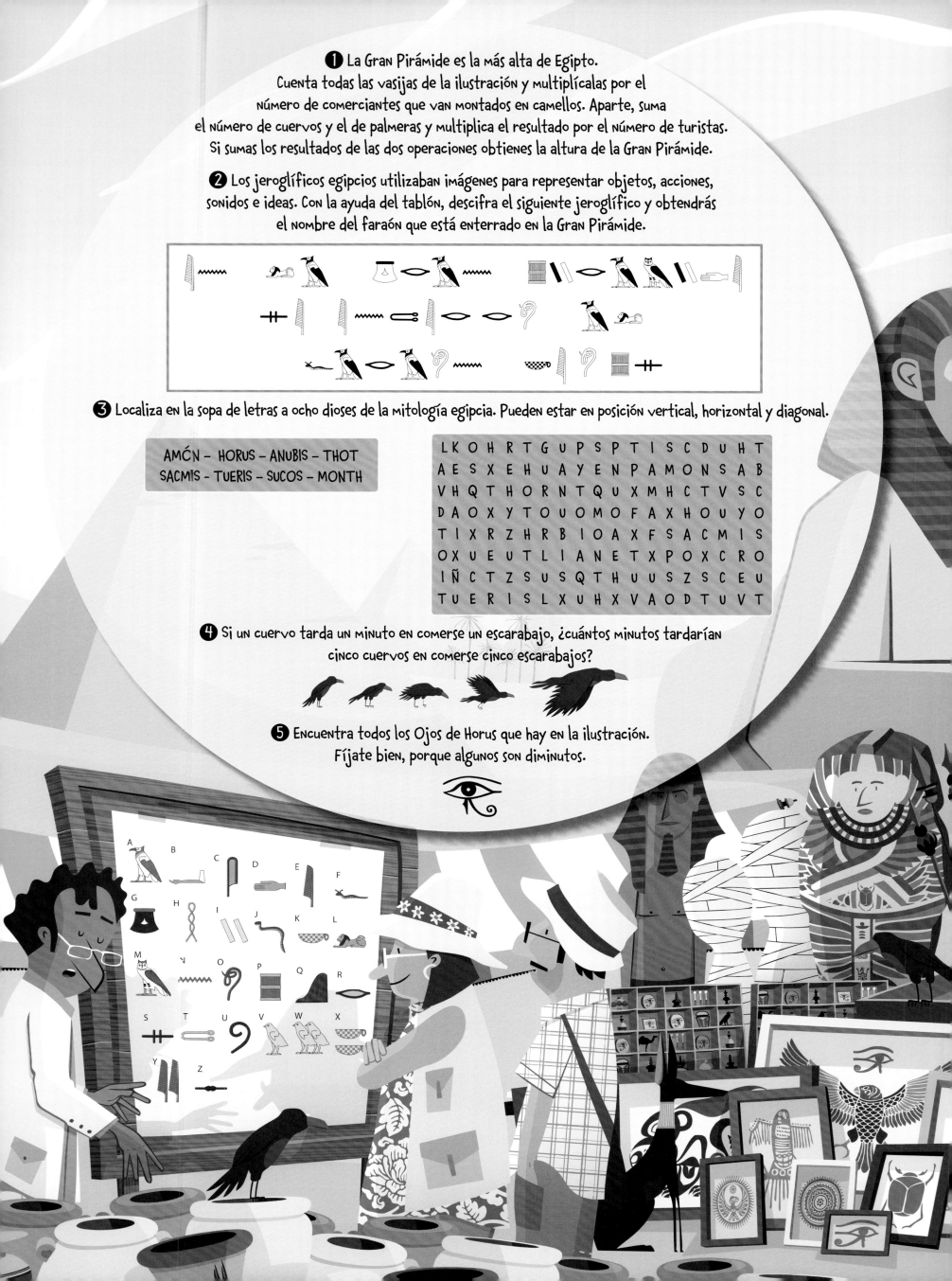

❶ Si sumamos el número de jarrones floreados y de banderas amarillas obtenemos el mismo resultado que si sumamos el número de sombreros grandes, de banderas azules y de retratos. ¿Cuál es el resultado?

❷ Cada disco volador de la mesa tiene su propia combinación de colores. Todos están repetidos excepto uno, que es único. ¿Cuál es? Sucede lo mismo con las banderas. ¿Cuál es la única que no se repite?

❸ Dentro de una piñata se ha puesto el doble de caramelos que de juguetes. Si, al romperla, caen 24 objetos, ¿cuántos caramelos y cuántos juguetes hay en ella? En otra piñata, hay el triple de caramelos que de juguetes. Si, al romperla, también caen 24 objetos, ¿cuántos caramelos y cuántos juguetes contenía?

❹ Los colores de estas piñatas siguen una lógica, de izquierda a derecha. ¿Qué colores debe tener la estrella blanca? ¿En qué orden?

❺ En el Día de Muertos de México, es tradicional confeccionar calaveras con papel o azúcar. Si multiplicas el número de retratos de la ilustración por el de banderas azules y le sumas el número de banderas amarillas, obtendrás el número de calaveras que hay en los altares y en la guirnalda. ¿Cuántas hay en total?

❻ Encuentra los siguientes estados mexicanos en este lío de letras. Pueden aparecer en cualquier dirección. Empieza buscando la inicial y salta de una letra a otra siguiendo las líneas.

JALISCO – DURANGO
YUCATÁN – TABASCO

E A T A N
G Y C S B
N O U I A
A R D L J

1. Busca en la escena, al menos, seis objetos que empiecen con la letra C.

2. En el mapa de Australia hay varios estados y cada uno de ellos tiene un número. ¿Sabrías decir qué número corresponde a la región coloreada? Una pista: fíjate en los estados que están a su alrededor.

3. ¿Cuánto suman todos los números que hay en esta doble página? ¡Ten cuidado, el juego tiene trampa!

4. Encuentra los dos bumeranes que sean iguales.

5. Uno de los tres submarinistas olvidó sacar del bolsillo de su bañador el papel en el que estaba escrita la dirección de su hotel, y esta se ha borrado. ¿Podrías ayudarlo a descifrar el nombre y la dirección del hotel?

> Amora Hotel Jamison
> 11 Jamison Street,
> 2000 Sidney Australia

6. Los koalas son animales muy perezosos. Un koala es capaz de trepar 2 metros de un árbol durante el día, pero desciende 1 por la noche mientras duerme. Si un árbol mide 8 metros, ¿cuánto tardará un koala en llegar a lo más alto del árbol?

❶ Encuentra entre las llamas una alpaca. Este animal proporciona una lana excelente.

❷ ¿Cuántas orejas, rabos y patas de llamas hay en la ilustración?

❸ Cinco de estas imágenes corresponden a la escena, pero una, no. ¿Sabes cuál es? ¿Puedes localizar las otras cinco imágenes?

❹ Estos instrumentos de viento, hechos con cañas y, a veces, con arcilla, se llaman zampoñas. Ordénalos de mayor a menor tamaño.

❺ En las ruinas de Machu Picchu hay muchos, muchos escalones: 180 peldaños. Dos turistas están dispuestos a subirlos por segunda vez para superar su reto. Uno ha subido 72 escalones en 48 segundos y el otro, 60 escalones en 40 segundos. ¿Quién ha llegado antes?

❻ En el desierto de Perú, hay enormes laberintos dibujados en la tierra. ¿Sabrías encontrar el camino que lleva a la salida del laberinto?

❼ Relaciona todos los símbolos aztecas. ¿Cuál de ellos no tiene copia?

SOLUCIONES

1 Habrá impreso 189 ceros. En el intervalo 1 - 999 hay: 9 centenas (números del tipo N00), las cuales suman 18 ceros; 90 decenas (números del tipo NN0), las cuales suman 90 ceros; 81 números con cero intercalado (tipo N0N), los cuales suman 81 ceros.

Por tanto, 18 + 90 + 81 = 189 ceros.

2 9 cohetes y 14 pantallas.

3 Café con magdalenas.

4

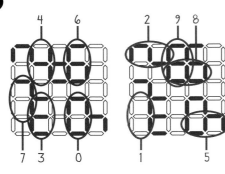

5 A

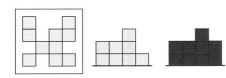

6 Ocho satélites. Es la suma de los satélites que hay en los dos anillos anteriores.

7

2	4	6
7	0	5
3	8	1

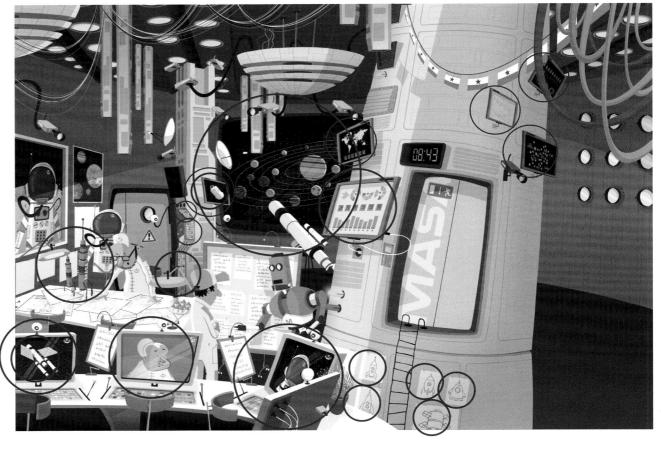

---

1 La corona pesa 20 kilos. Hay 13 torres, 25 ventanas, 28 escudos y dos animales. (13 + 25 - 28) × 2 = 20.

2 Ocho saltos.

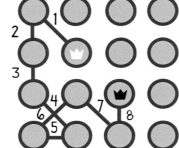

3 CABALLO - CASTILLO - CATAPULTA - CULTIVO

4 Una de las piedras pesa 110 kilos y la otra, 90. La diferencia entre las dos es el peso de la corona, que es de 20 kilos.

5 En la mesa está el rey y su esposa la reina; el hijo de ambos, Arnaldo y su esposa la princesa; Arnalda, hermana de Arnaldo; y un hijo y una hija de Arnaldo. En total siete personas.

6 Hay 16 soldados, que se organizan en un cuadrado de 4 soldados por lado. Basta ir alternando los colores para que cada soldado esté rodeado de cascos de distinto color.

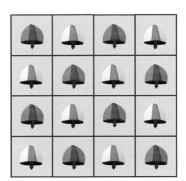

7 Solución indicada en la escena con un círculo.

1 Hay 13 aves en total: nueve pájaros enjaulados, uno en el hombro del vendedor y tres pollos en el carrito de comida. Aunque estén fritos, ¡siguen siendo aves!

2 Se pueden apilar de ocho maneras distintas.

3 Los círculos van rotando en el sentido de las agujas del reloj.

4 Los tres personajes se llaman Li Wang, Wei Yao y Yang Luo.

5

6 7 999 kilómetros, no 8 000. Siempre habrá una torre más que tramos de muralla. Por ejemplo, con solo 4 torres, la muralla mediría 3 km:

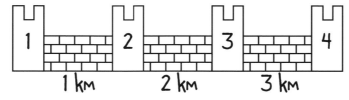

7 Sombrillas
Kimono
Farolillos
Toldo
Pájaro
Teteras
Dragón
Quitasol
Pintura de la pared y la puerta
Cohete de los fuegos artificiales

1 Solución indicada en la escena.

2 Pidieron la 4 formaggi, la Napoletana y la Capricciosa.
10 + 15 + 19 = 44 euros.

3 El ladrón es el gondolero. Es el hombre que está de espaldas.

4 Sombrilla, góndola, ratón, tienda, remo, sombrero, canal, palacio y balcón.

5 En total hay 15 mamíferos: tres gatos, tres ratones y nueve personas.

6 De norte a sur, las ciudades son Bolzano, Trento, Venecia, Padua y Rávena.

7 Cortando el pelo a cinco clientes gana cinco veces más que cortándoselo a uno solo.

1 Junto a los iglús hay cinco pares de botas y cinco pares de raquetas para andar sobre el hielo. Por lo tanto, son cinco personas.

2 Con 23 pingüinos, 2 perros y 3 gaviotas, hay 60 patas y 26 picos.

3 TRINEO - ORCA - ALBATROS ESTALACTITA - ATRAPASUEÑOS PESCADO - LANCHA - HIELO PERRO - IGLÚ - BOTAS - CAÑA BARCO - PINGÜINO - CUBO CAJA - ESQUÍS - BANDEROLAS ESQUÍS es el objeto que no se encuentra en la imagen.

4 $30 \times 2 = 60$
$60 \times 4 = 240$ metros por minuto
Avanza 240 metros por minuto al nadar.

5 Solución indicada en la escena con un círculo.

6 4 cajas de 4,5 kg = 18 kg
2 cajas de 3,5 kg = 7 kg
El total de peso será de 25 kg, el máximo que puede soportar el trineo.

7 Nueve puertas.

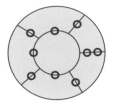

---

1 GORRA - CLAQUETA - FOCO - VASO MONITOR - ALTAVOZ - DECORADO FRUTA - SILLA

2 Estas son las cantidades que utilizan el menor número de recipientes posible:

15 litros = 7 + 3 + 3 + 2
18 litros = 7 + 7 + 2 + 2
22 litros = 7 + 7 + 3 + 3 + 2
23 litros = 7 + 7 + 7 + 2
27 litros = 7 + 7 + 7 + 3 + 3

3 a) Noventa. Entre 100 y 200 son los siguientes: 101, 111, 121, 131, 141, 151, 161, 171, 181, 191: diez en total. Entre 200 y 300 hay diez más, y así sucesivamente.
10 números x 9 centenas = 90 en total.

b) Dos. Solo hay dos dígitos que multiplicados den como resultado cinco: 1 y 5. Por tanto los tres únicos números son 115, 151 y 511.

4 La palabra es MEGÁFONO.

5

6 El elefante de Asha es verde. En el estudio hay dos elefantes verdes, tres rojos y tres azules.

① Solución indicada en la escena.

② ↓ La huella del centro corresponde a una gallina.

🐾 La de la derecha, a un perro.

💧 La de la izquierda, a un ciervo.

③ Hay 16 esquíes, cada uno con una combinación única de color y diseño. El esquí que falta es:

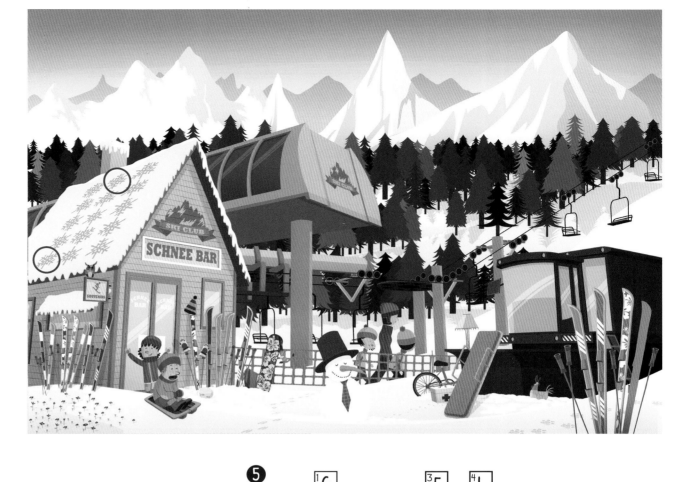

④ La pista roja es la más larga. Las pistas verde y azul tienen 8 tramos horizontales y 5 diagonales; la roja tiene 7 tramos horizontales y 6 diagonales. Un tramo en diagonal siempre es más largo que uno horizontal, por tanto la pista roja es la más larga.

⑤

	¹G						³F		⁴L
	A						L		Á
	L			²P			O		M
	L			E			R		P
⁵B	I	C	I	L	E	T	A		A
	N			R			S		R
	A			A					A

(crucigrama: GALLINA, PERA/PERERA, FLORES, LÁMPARA, BICICLETA)

───────────────────────────────────

① Hay 38 aves volando. Y 8 aves en tierra firme.

② HIENA - JIRAFA - COCODRILO - IMPALA - FLAMENCO ELEFANTE - BÚFALO - LEONA

③ Tenemos 2 cocodrilos y 2 búfalos que suman 3 600 kilos. Si los leones pesan 200 kilos, 18 leones adultos o 90 crías de león alcanzarán el mismo peso.

- León adulto 200 kilos x 18 = 3 600 kilos.

- Cría de león 40 kilos x 90 = 3 600 kilos.

④

⑤ El tucán.

⑥ ELEFANTE, FLAMENCOS, JIRAFA, OSO HORMIGUERO.

⑦ Hay 9 serpientes.

La serpiente de dos cabezas es la de color verde claro.

❶ (vasijas x comerciantes)
+ (cuervos + palmeras x turistas)

(52 x 2) + (7 + 12 x 2) = 142

La altura de la Gran Pirámide es de 142 m.

❷ En la Gran Pirámide se enterró al faraón Keops.

❸

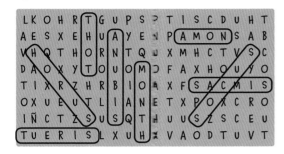

❹ Tardarán un minuto, puesto que los cinco cuervos pueden comer sus escarabajos a la vez.

❺ Hay 16 ojos de Horus.

---

❶ 7 jarrones + 6 banderas amarillas = 13

1 sombrero grande + 5 banderas azules + 7 retratos = 13

El resultado es 13

❷ Solución indicada en la escena con un círculo.

❸ En la primera piñata hay 16 caramelos y 8 juguetes. 16 + 8 = 24.

En la segunda piñata hay 18 caramelos y 6 juguetes. 18 + 6 = 24.

❹ Se trata de la misma serie de colores en todas las estrellas: ROJO - VERDE - ROJO AMARILLO - AZUL, aunque va girando. La última estrella es:

❺ 7 retratos x 5 banderas azules + 6 banderas amarillas = 41

34 calaveras en los altares + 7 en la guirnalda = 41

❻

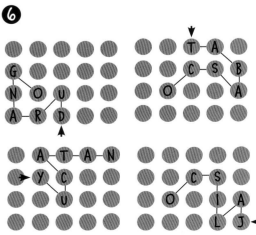

1 Por ejemplo: canguro, cocodrilo, coral, cantimplora, cometa, camisa, coletas...

2 El número de cada estado indica con cuántos estados limita. Por tanto, al estado de Australia del Sur le corresponde el número 5.

3 Los números de estas páginas sumarán: 3 + 6 + 8 + 0 + 8 + 2 + 3 + 3 + 4 + 1 + 2 = 40

Más los números de los enunciados de los juegos y un 8 que está dentro de un enunciado.

1 + 2 + 3 + 4 + 5 + 6 + 8 = 29

Total = 69

4 El segundo y el séptimo.

5 Amora Hotel Jamison
11 Jamison Street,
2000 Sidney Australia

6 Tardará 7 días. Es verdad que en un día un koala solo asciende un metro, pero no necesitará 8 días para llegar a lo más alto. Al final del séptimo día ya estará en la cima, aunque por la noche vuelva a descender.

---

1 Solución indicada en la escena con un círculo.

2 Por cada llama tenemos 2 orejas, 1 rabo y 4 patas. Como tenemos 19 llamas en total tenemos 38 orejas, 19 rabos y 76 patas. Total: 133

3 Las soluciones de las imágenes que sí corresponden están indicados en la escena. La imagen que no corresponde es la siguiente.

4

❶ ❷ ❸ ❹ ❺

5 Han llegado al mismo tiempo; los dos tardaron, de media, 1,5 minutos por peldaño.

6

7 Solución indicada en la escena con un círculo.

© 2015, Àngels Navarro por la idea, el contenido y la dirección de arte

© 2015, Jordi Sunyer por las ilustraciones

Diseño y maquetación: Núria Altamirano

© 2015, de esta edición, Combel Editorial, S. A.

Casp, 79 – 08013 Barcelona

Tel. 902 107 007

combeleditorial.com

Primera edición: septiembre 2015

ISBN: 978-34-9101-030-2

Depósito legal: B-22696-2015

Printed in Spain

Impreso en Índice, S. L., Fluvià, 81-87 – 08019 Barcelona